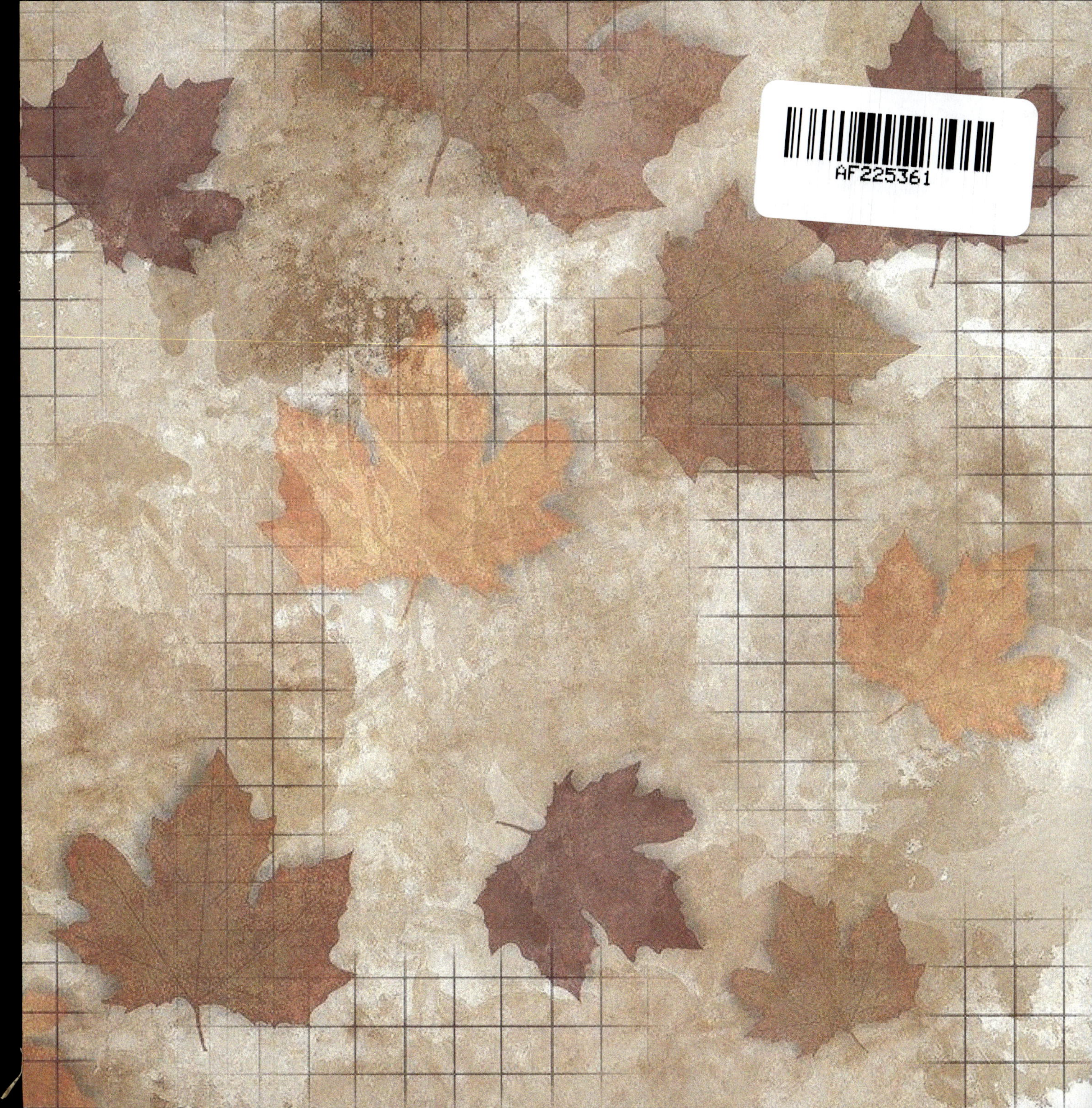

AF225361

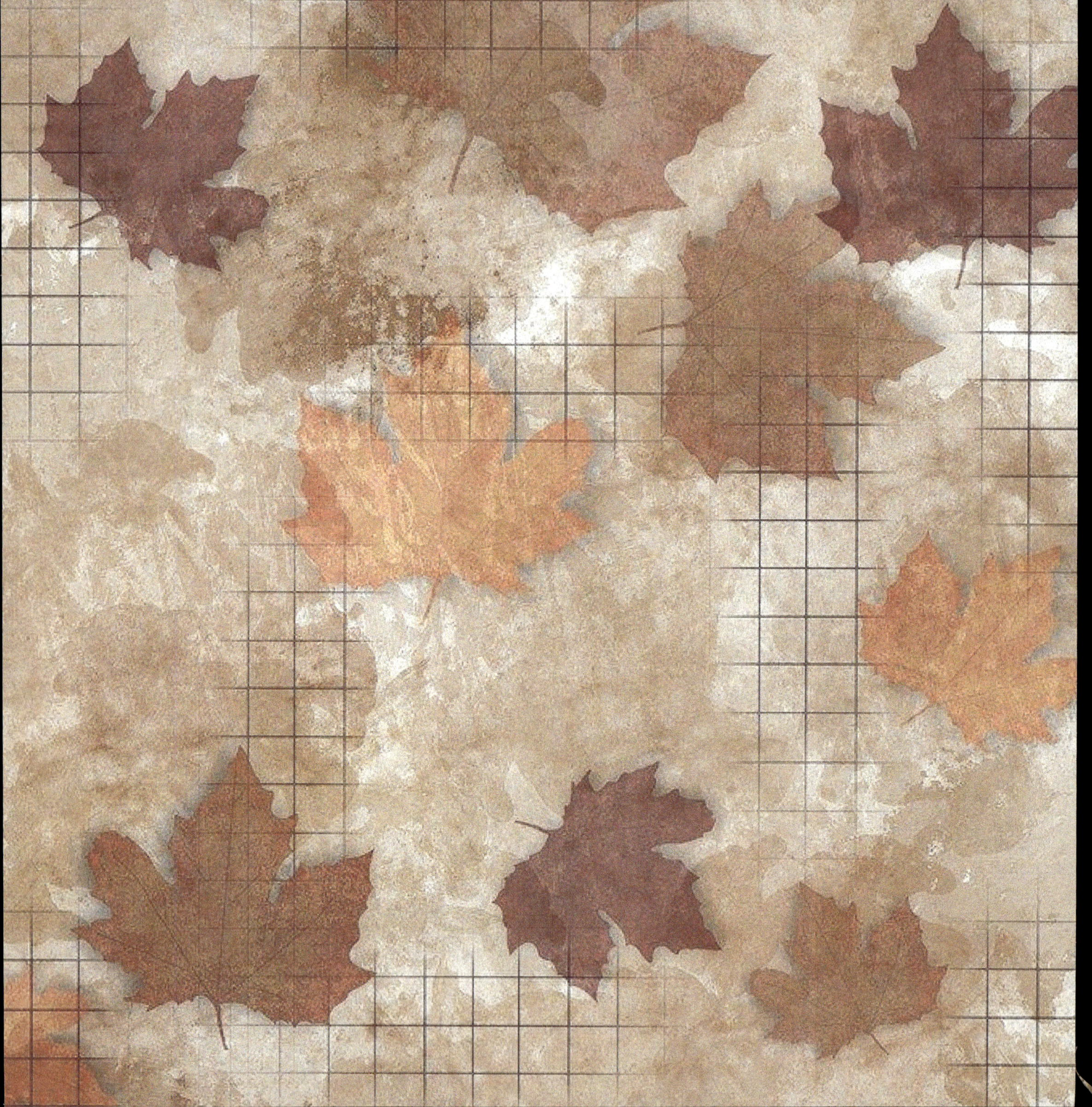

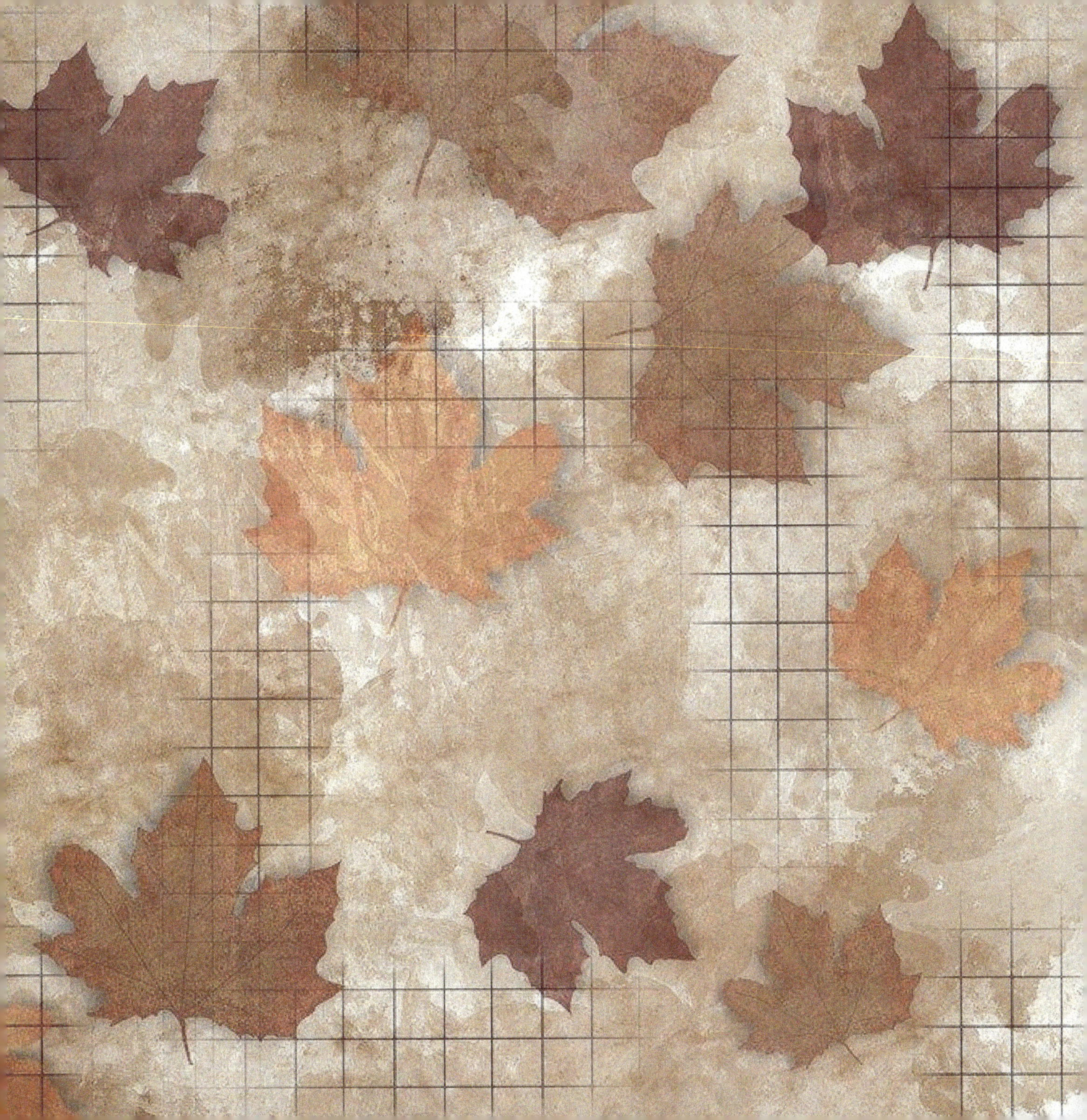

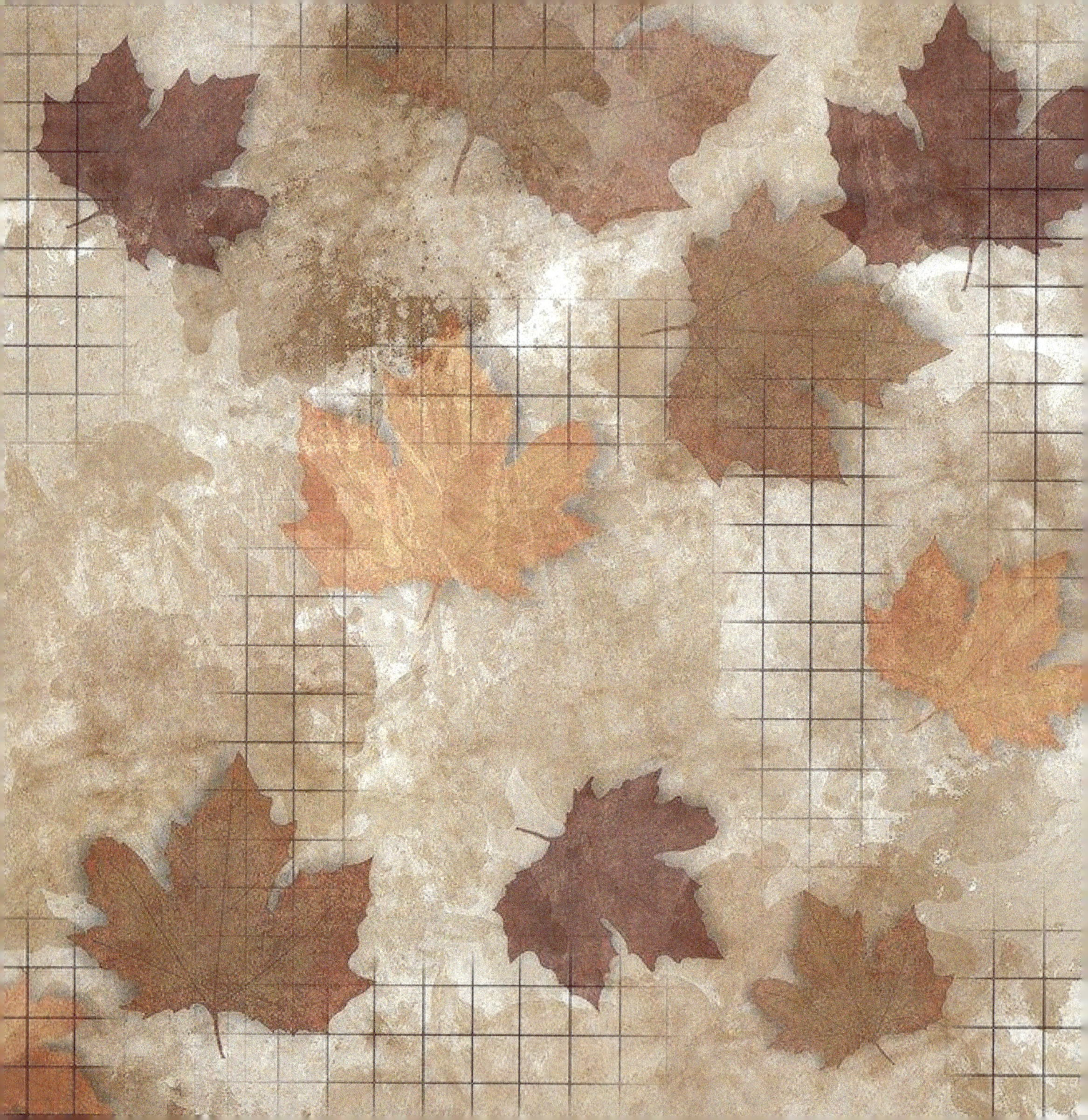

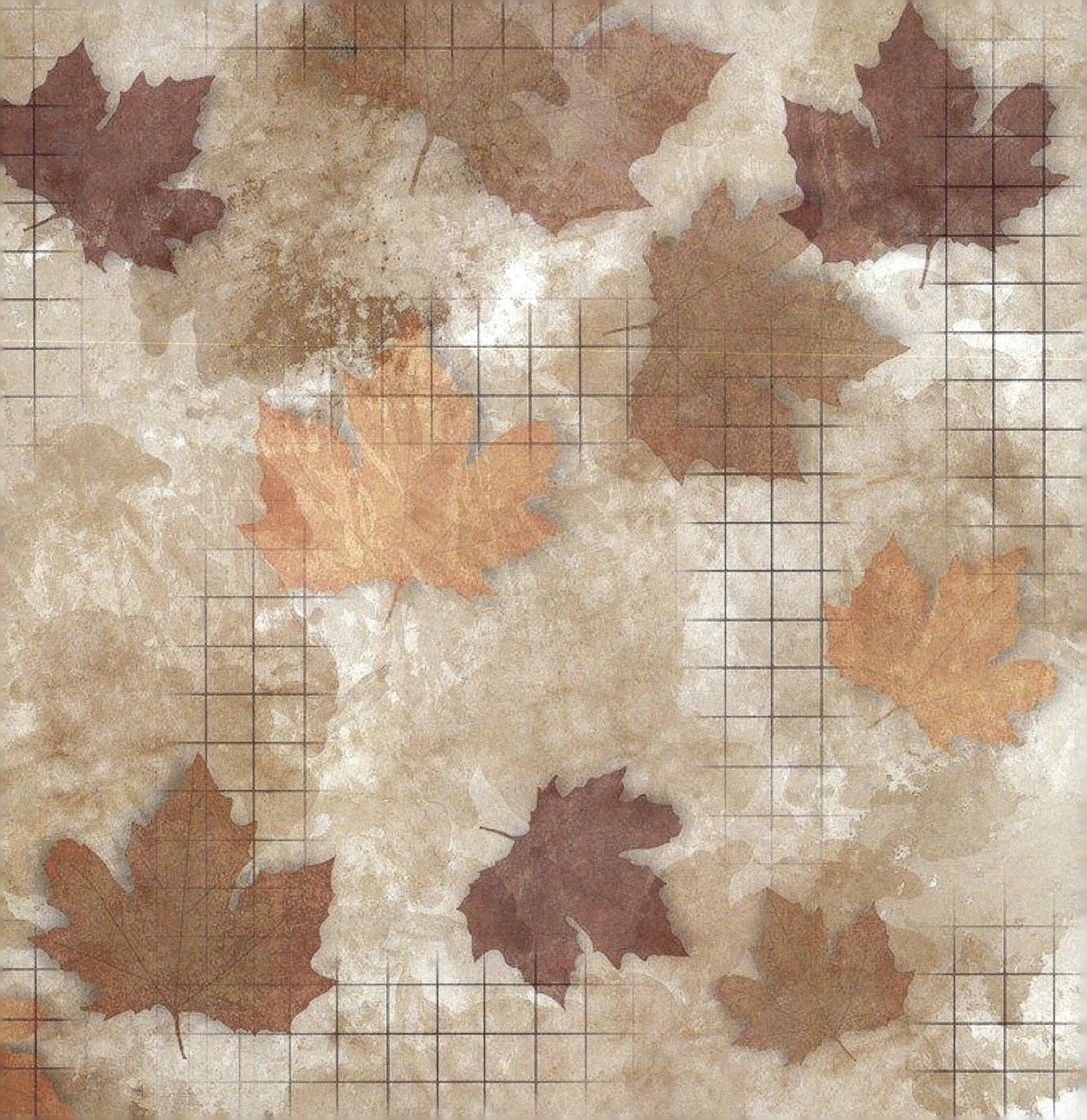

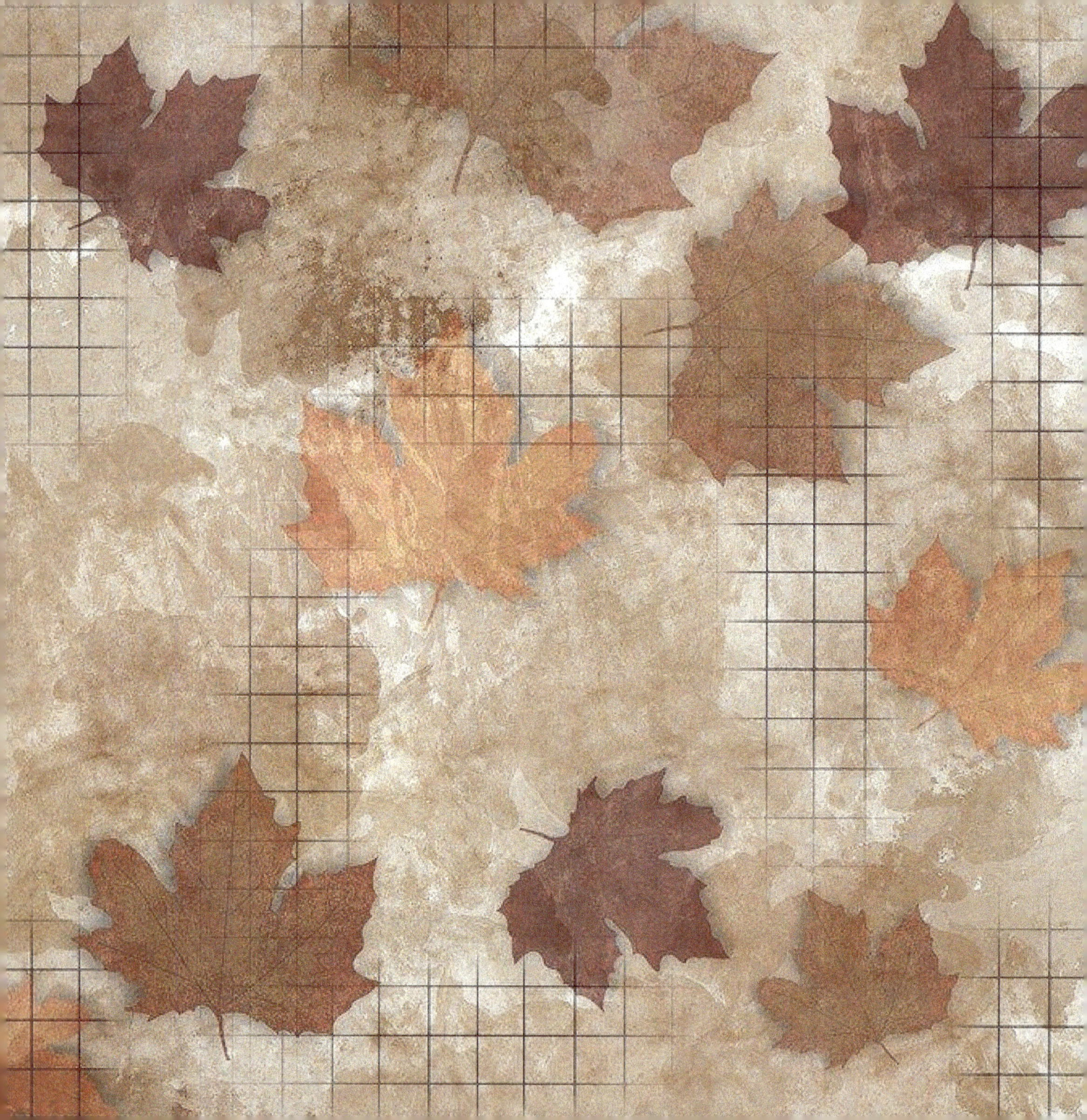

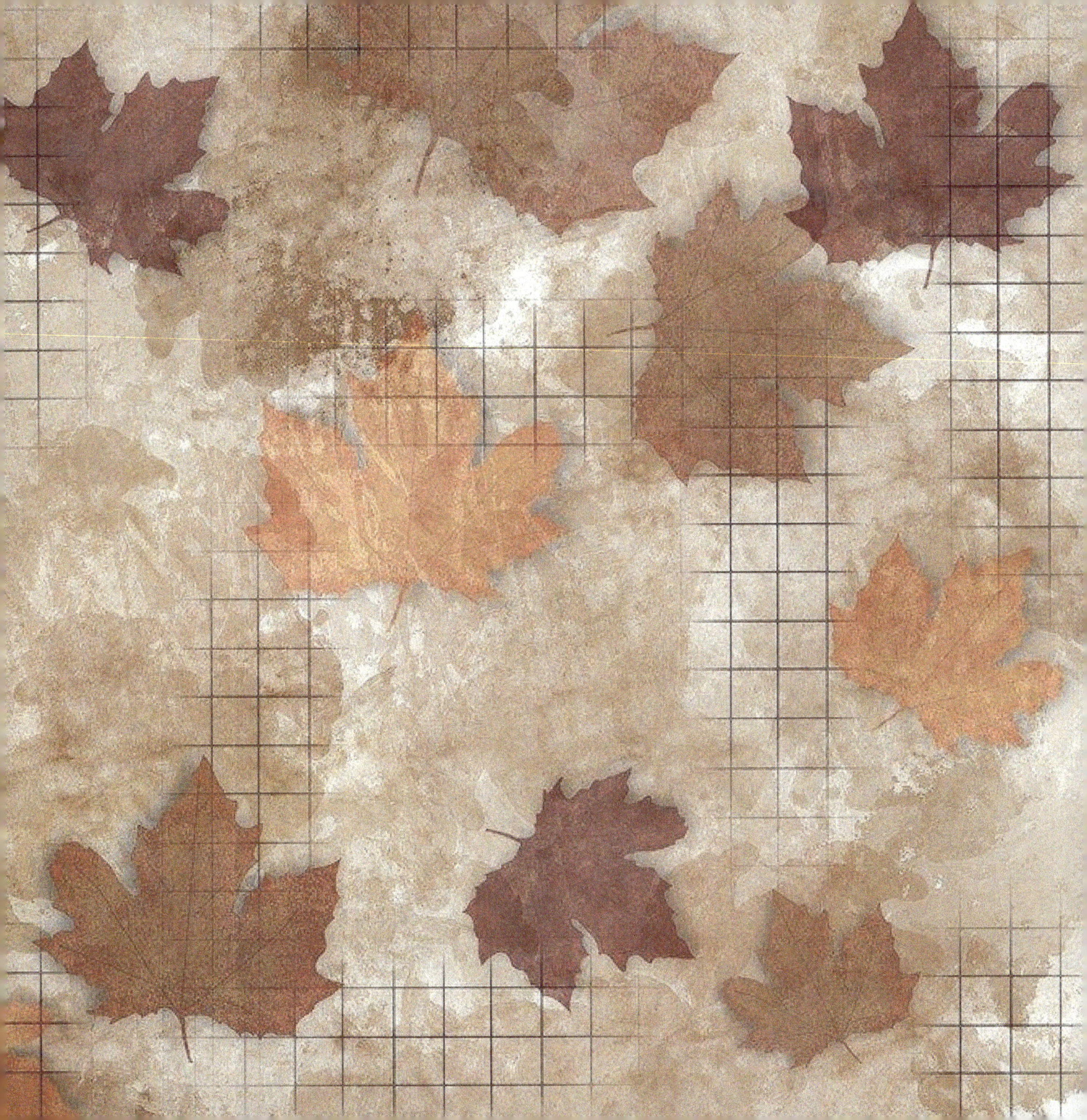

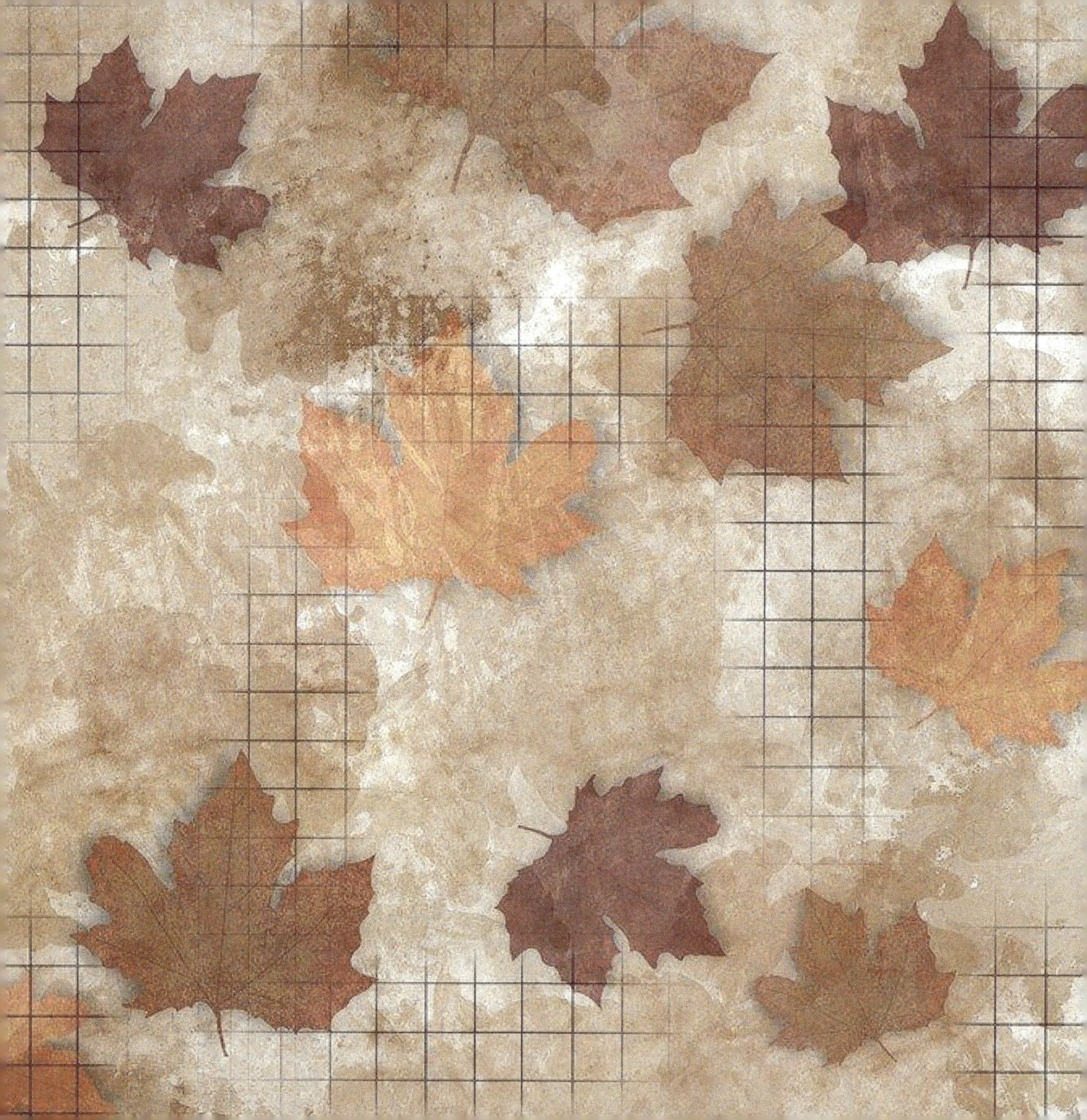

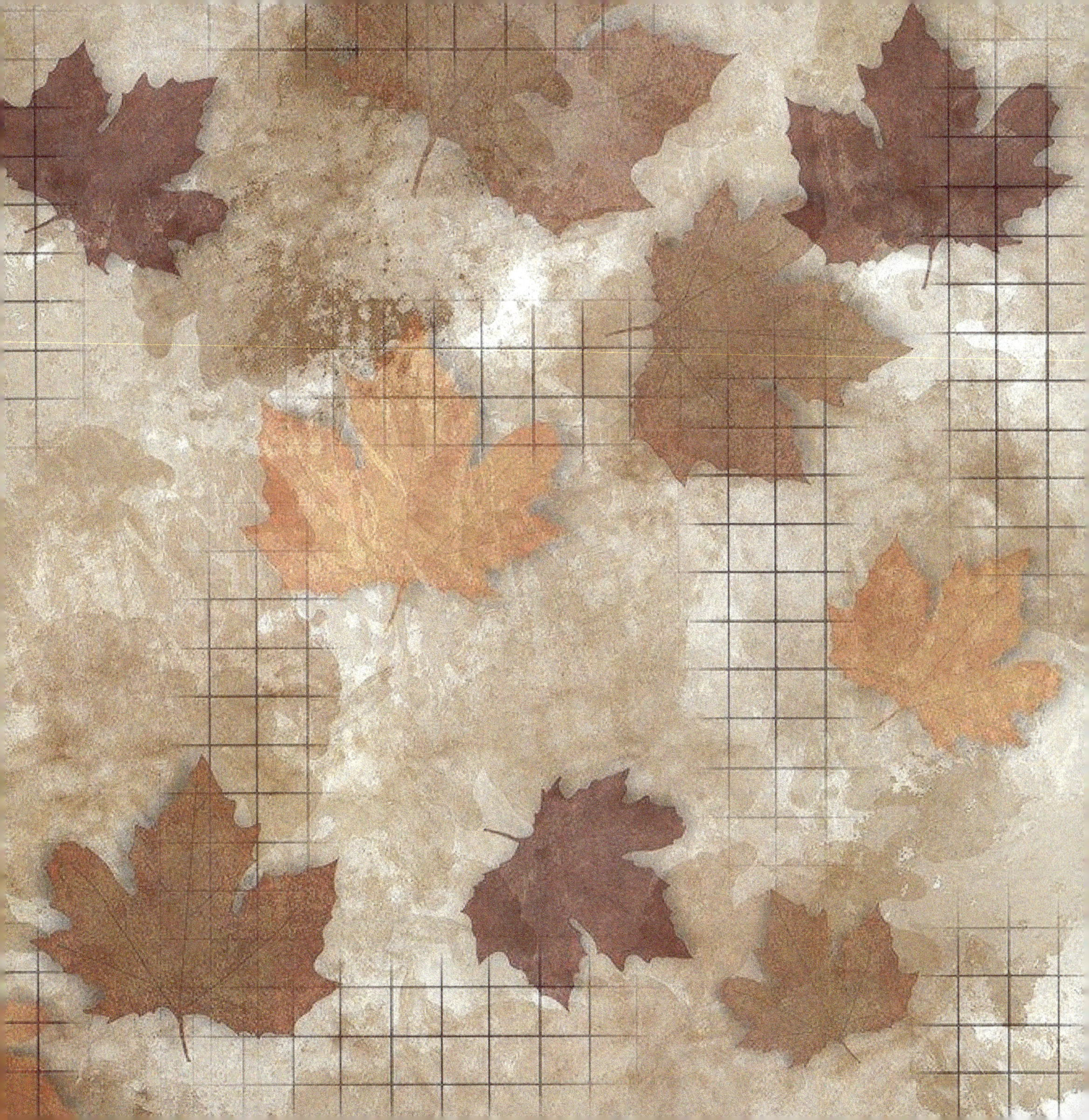

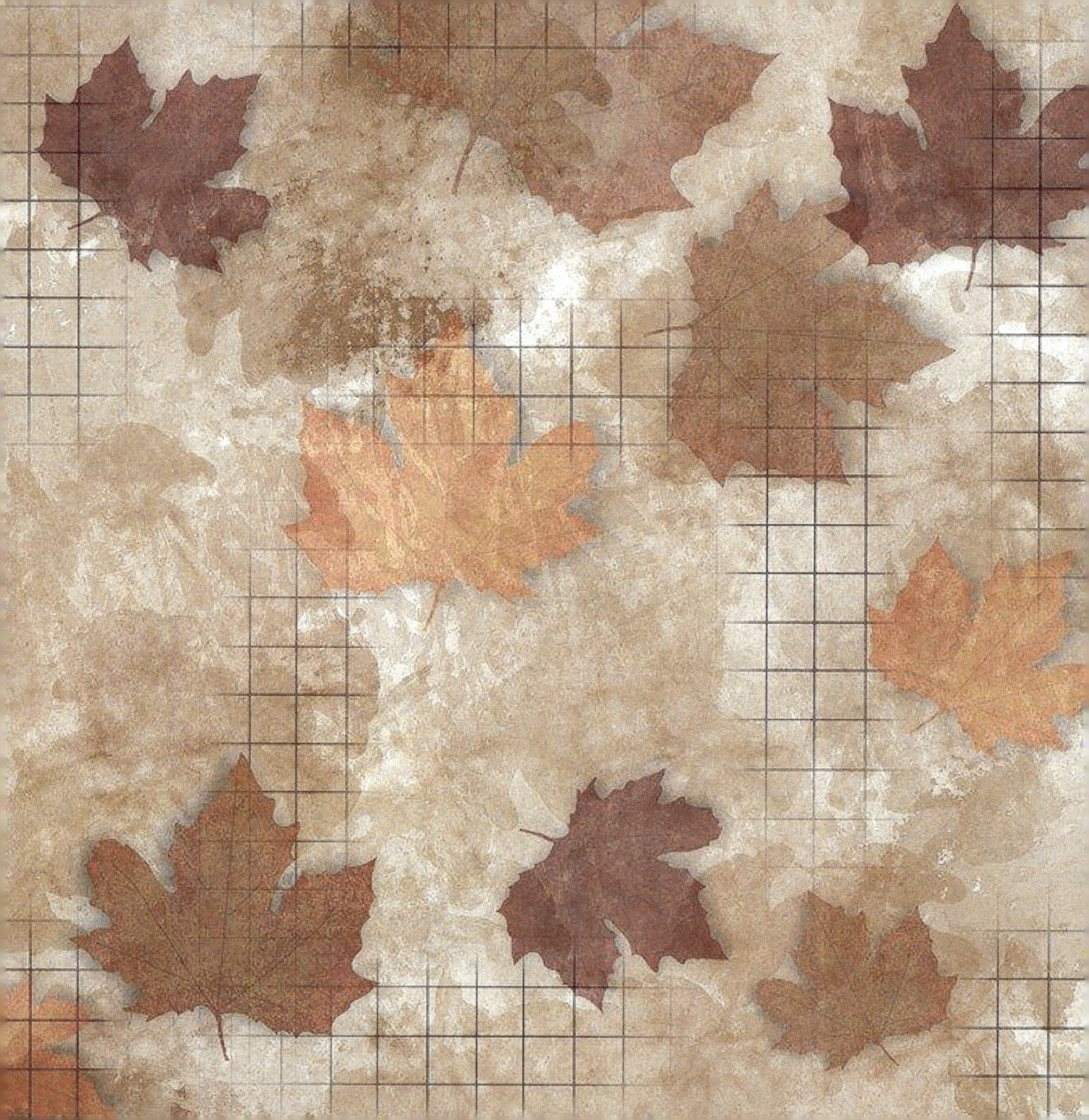

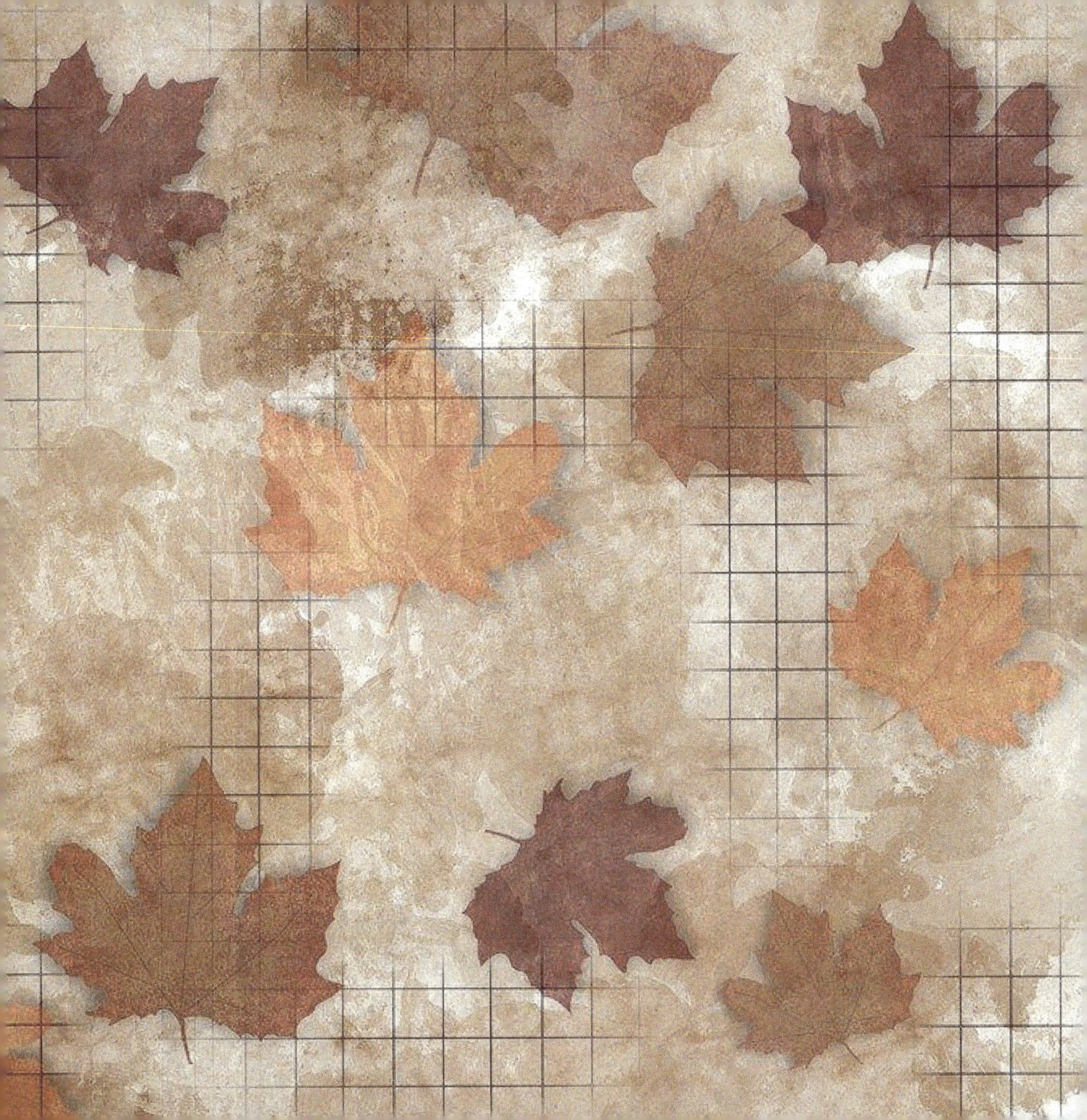

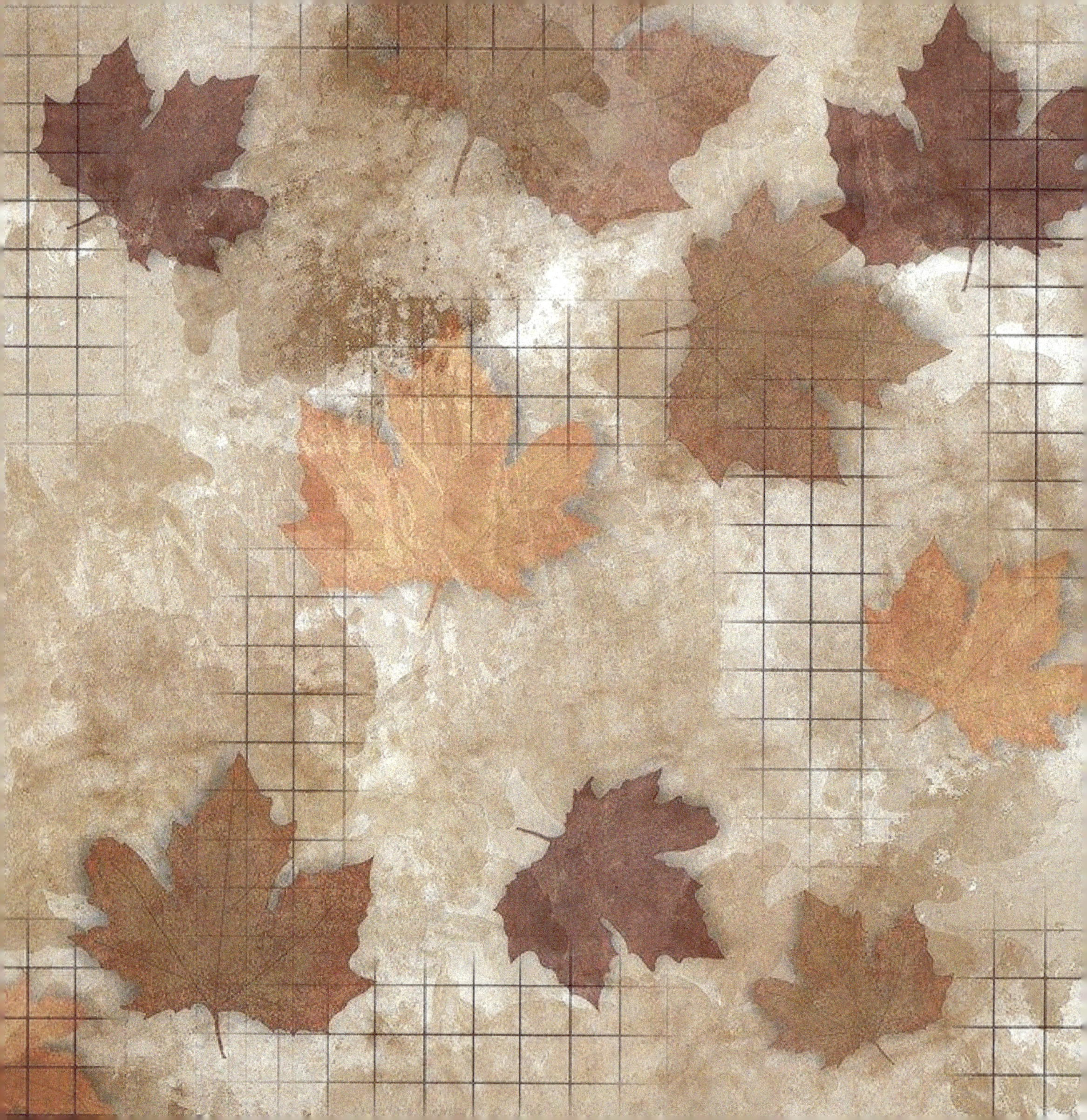

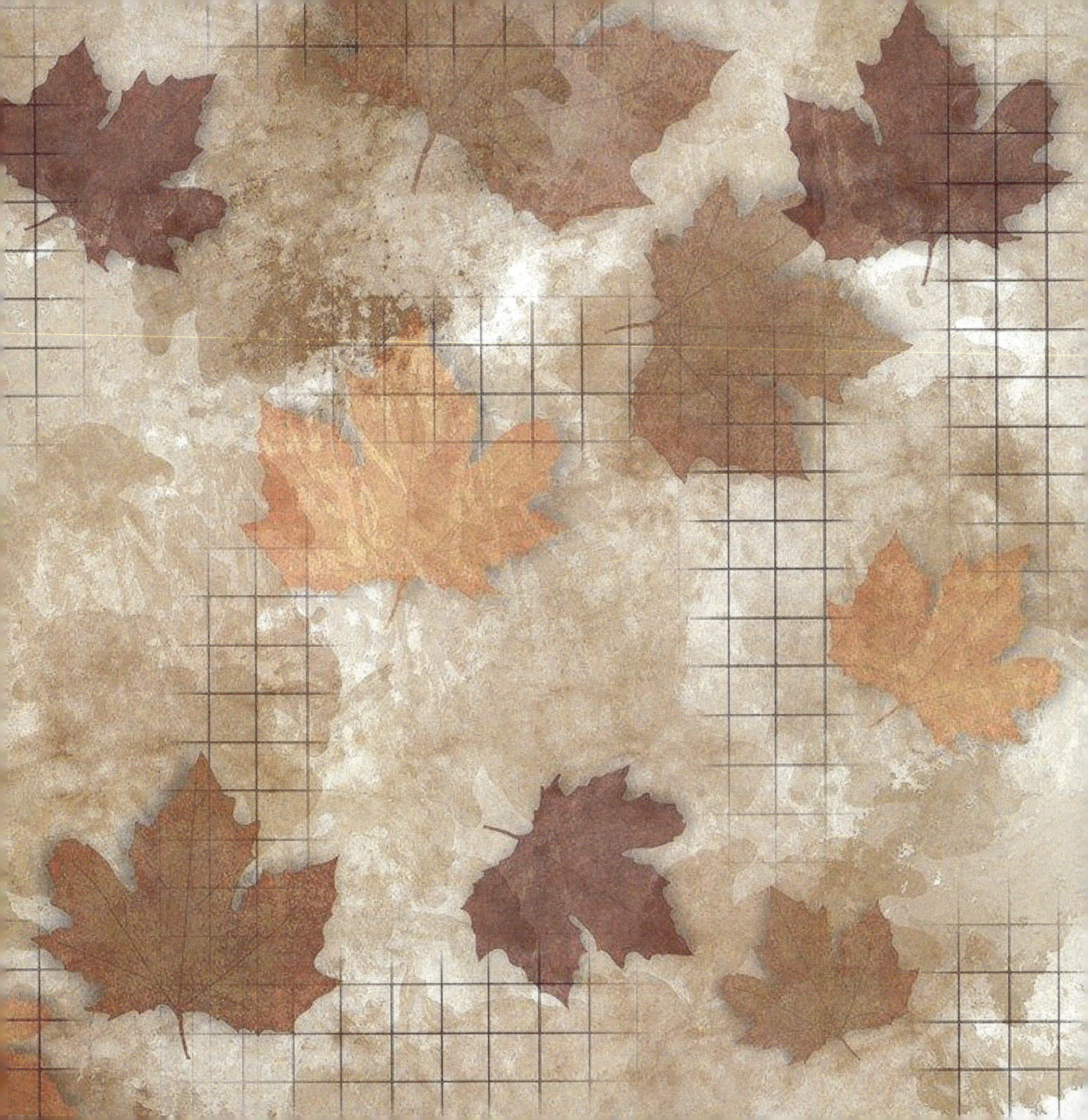

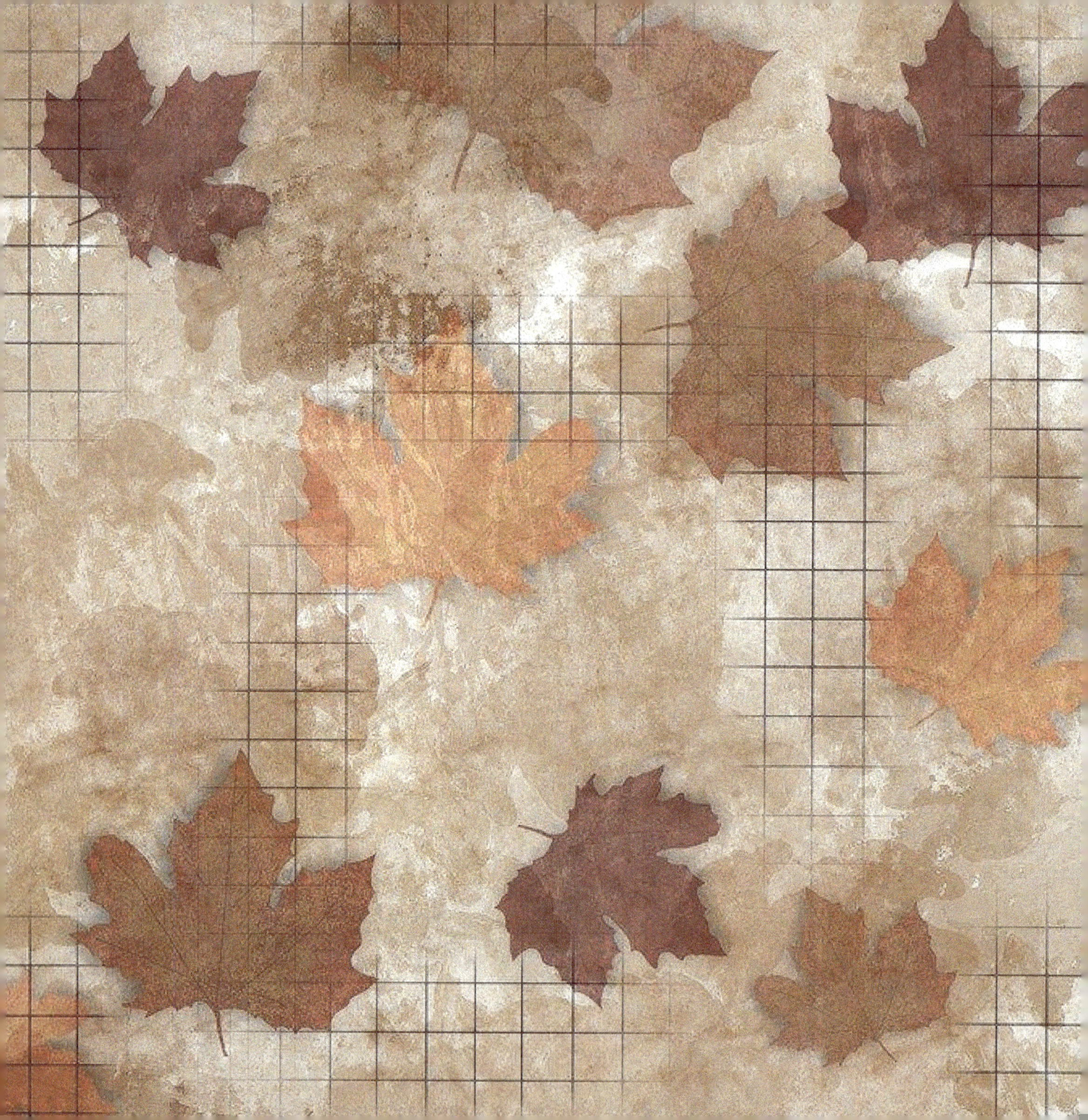

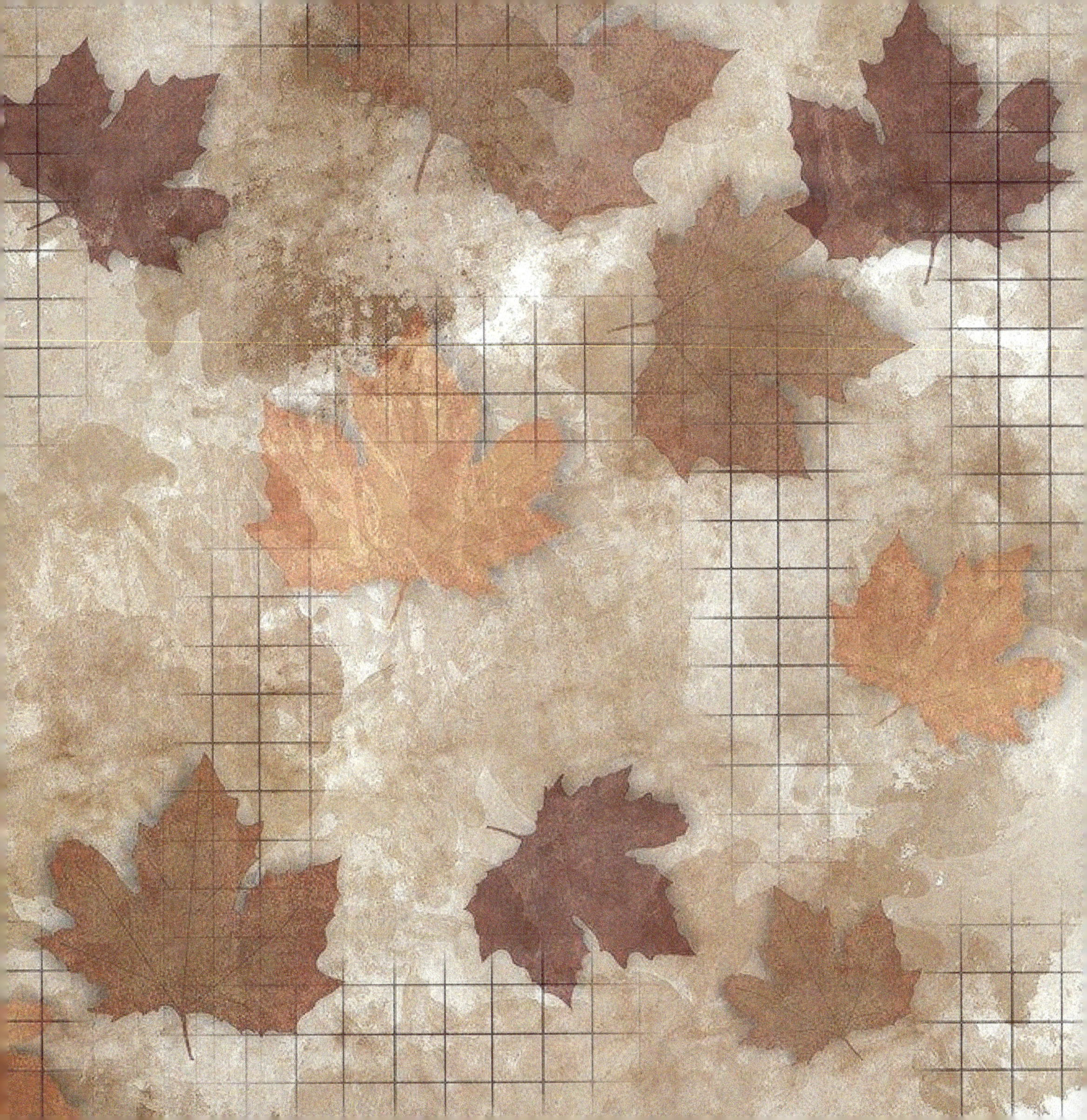

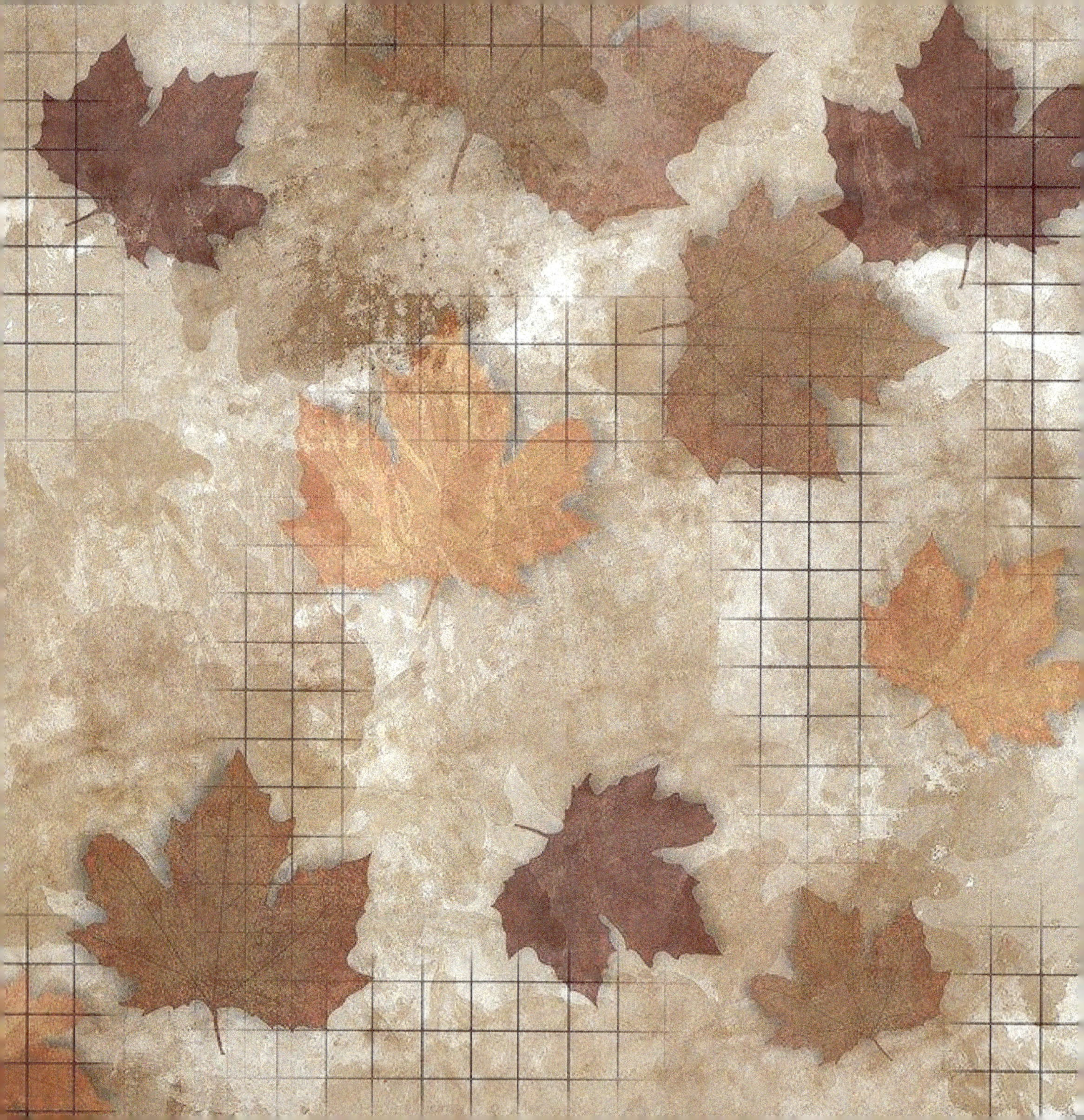

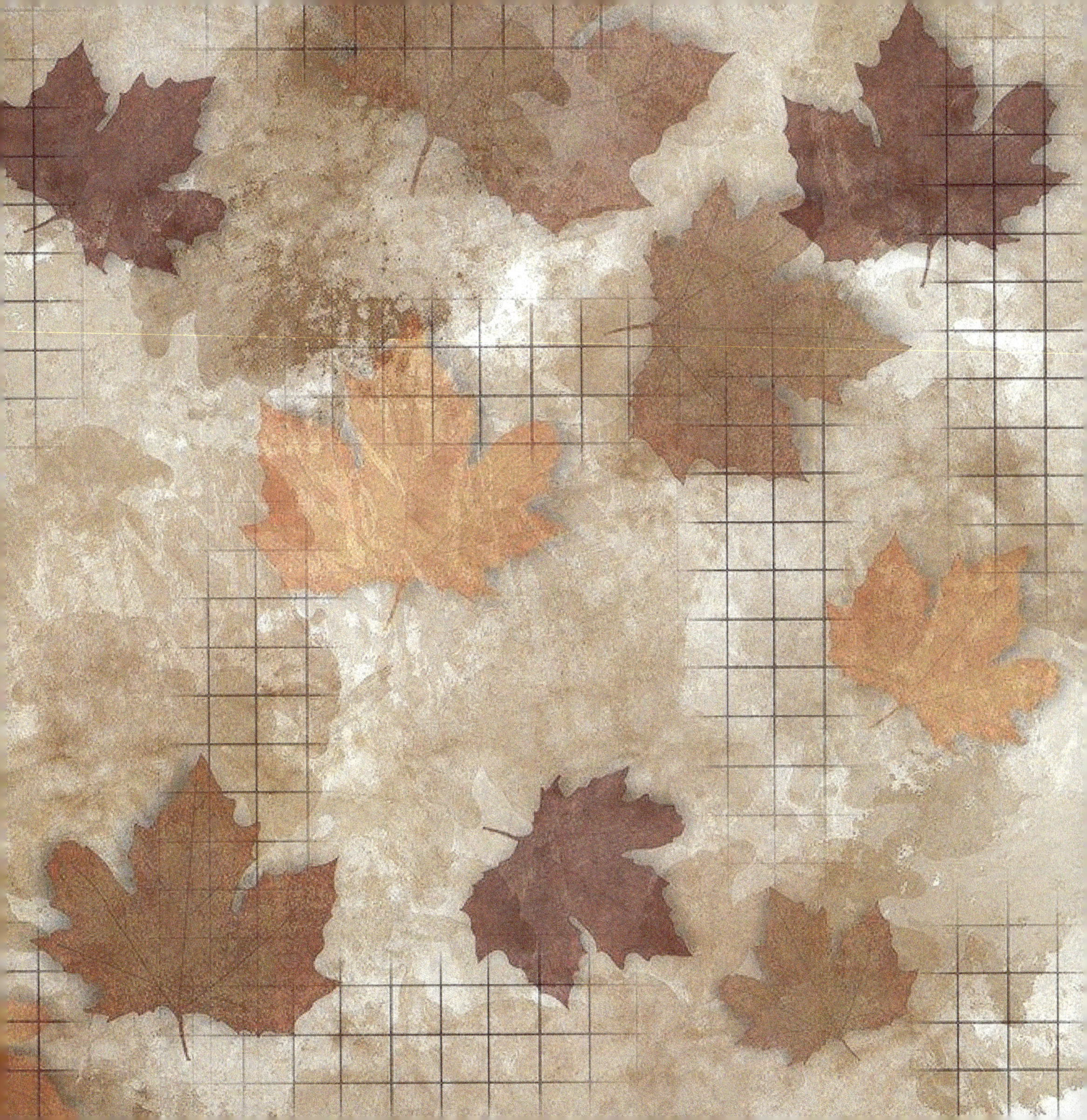

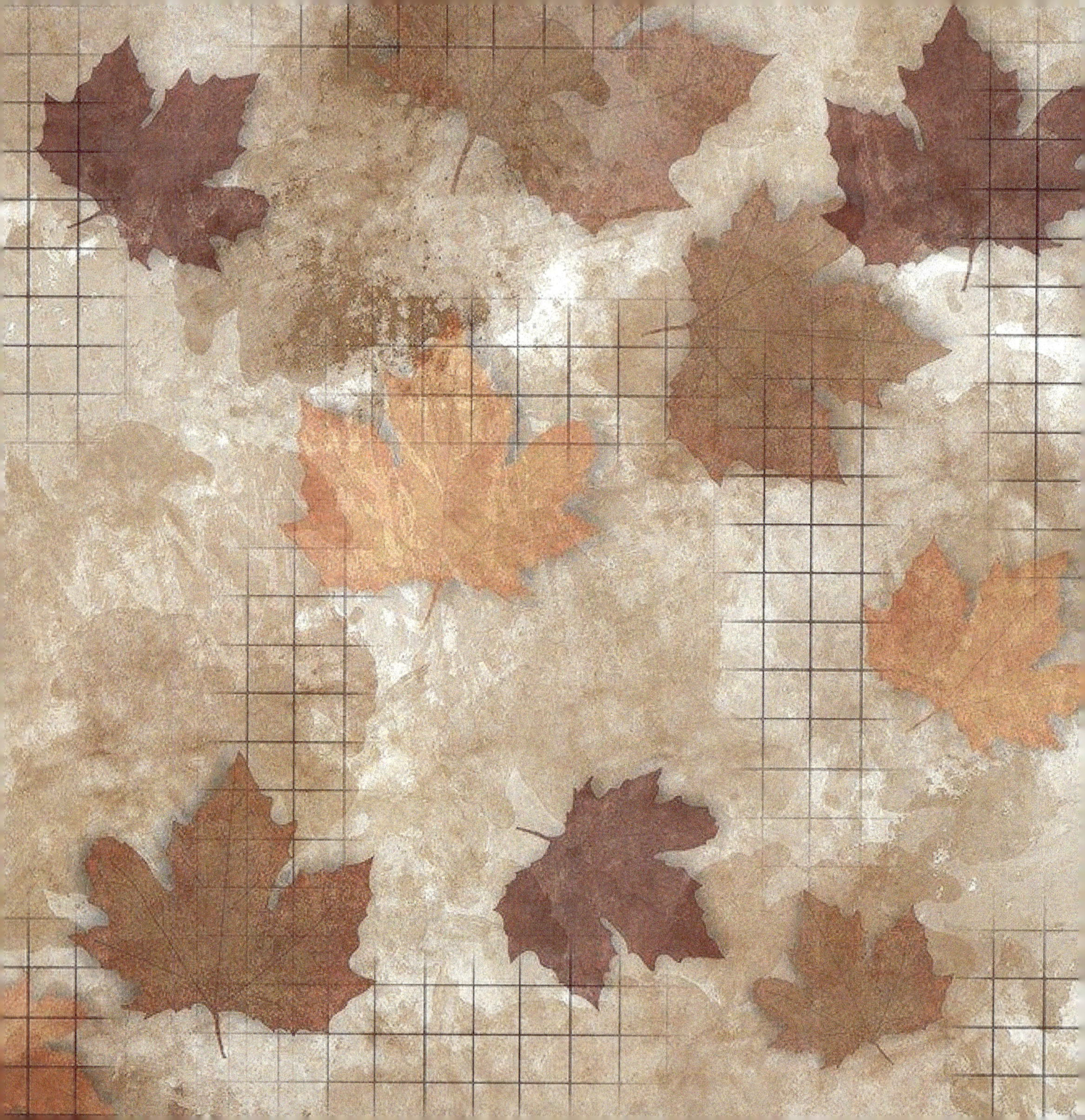

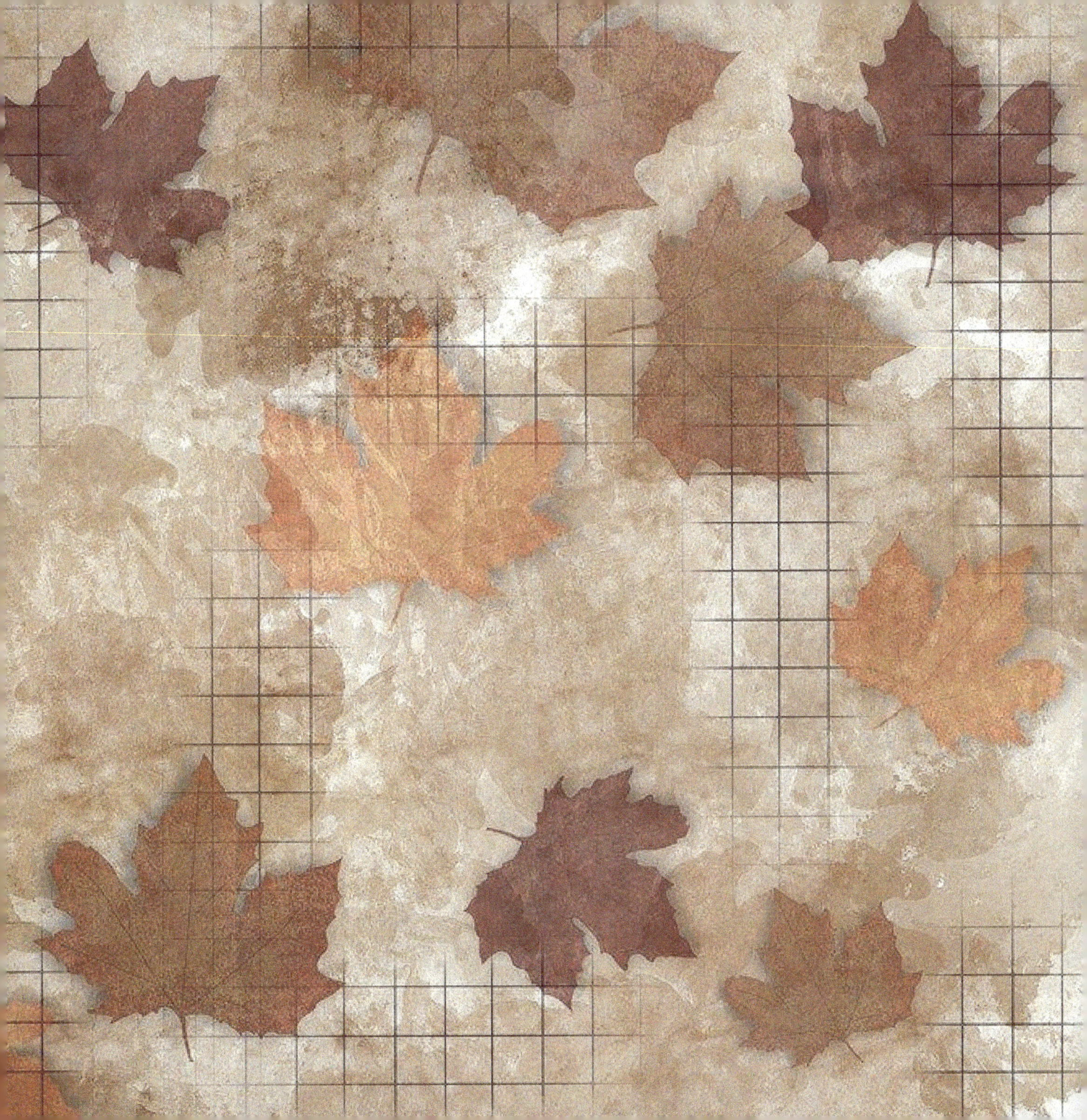

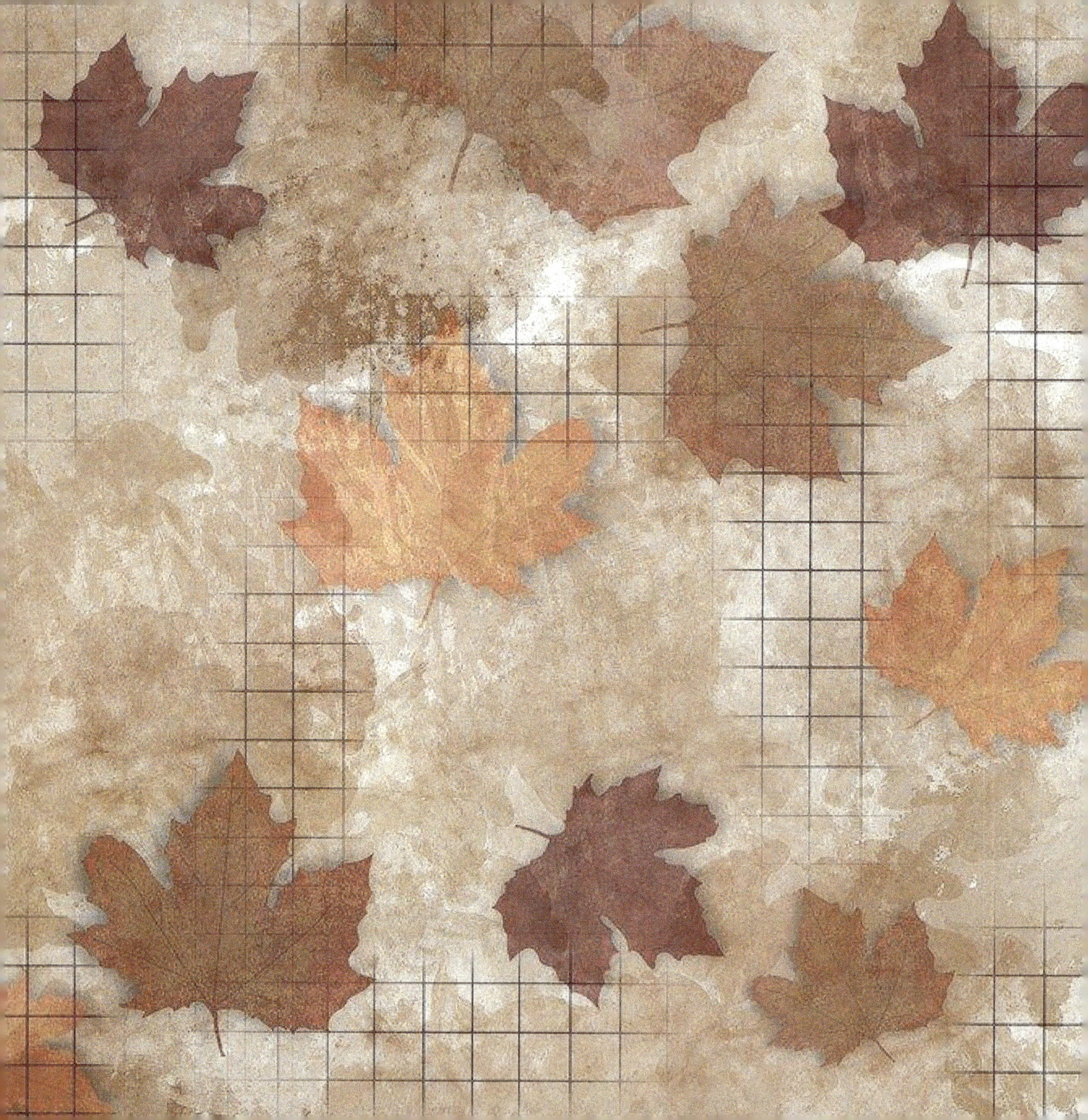

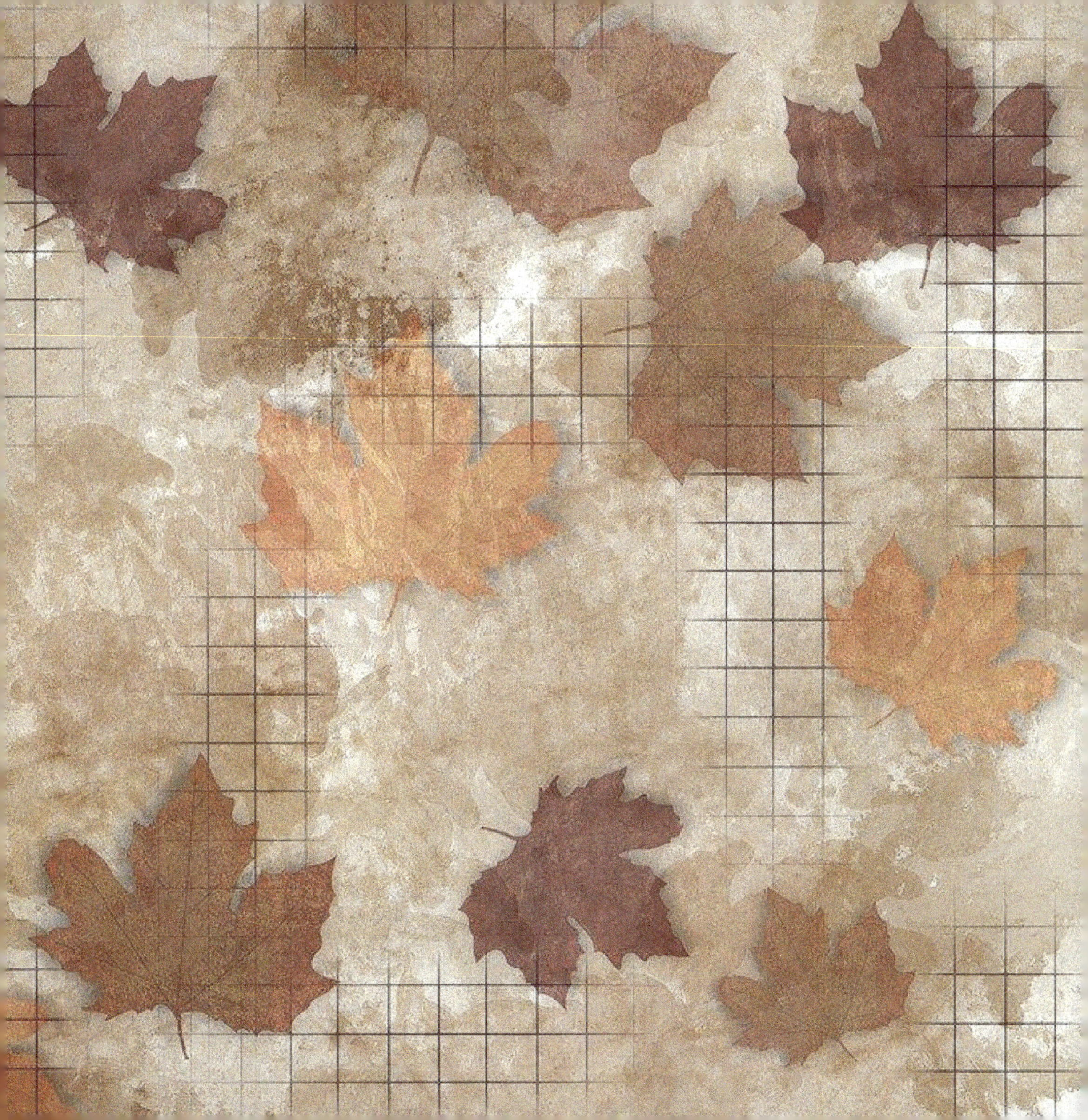

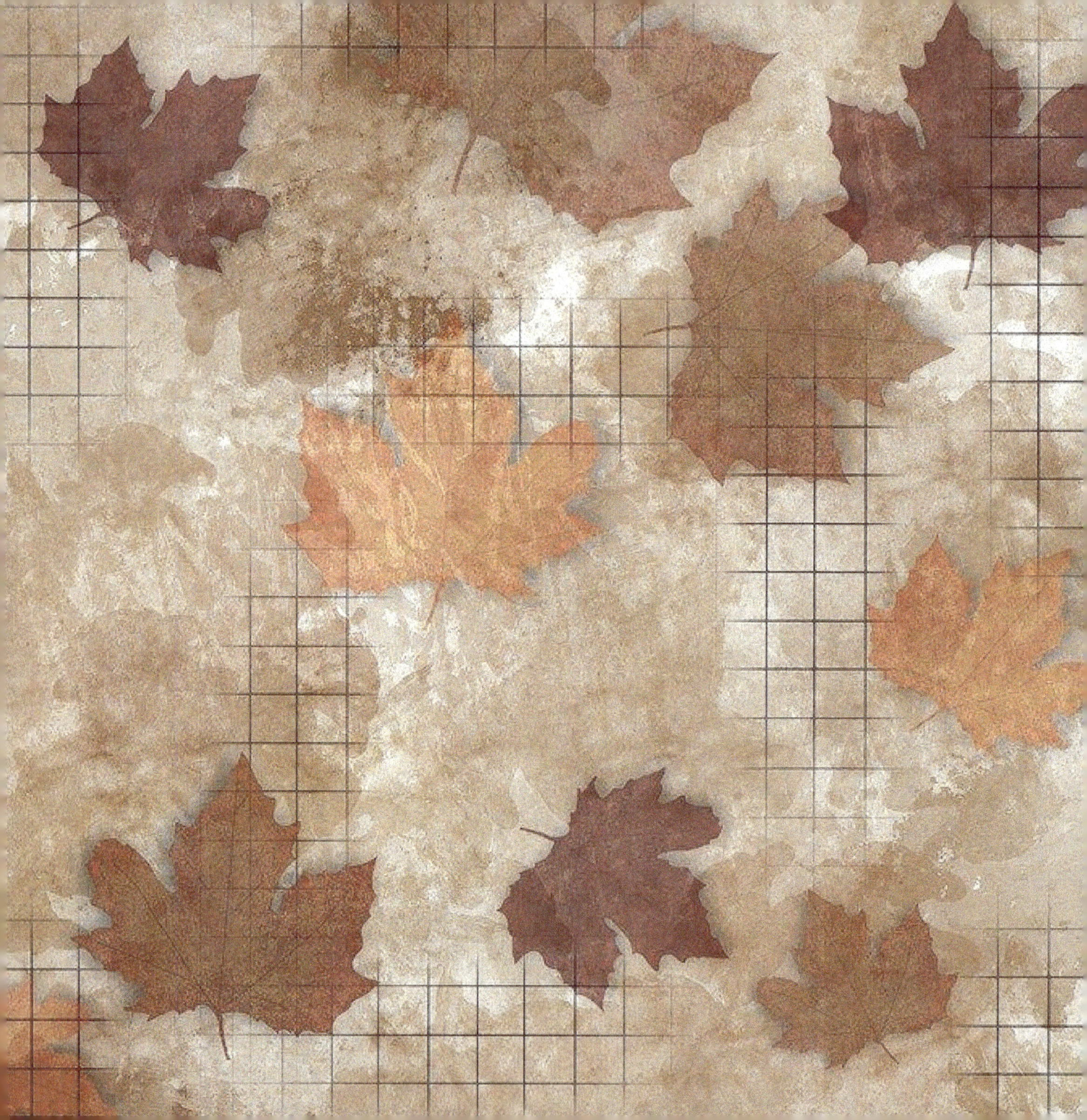

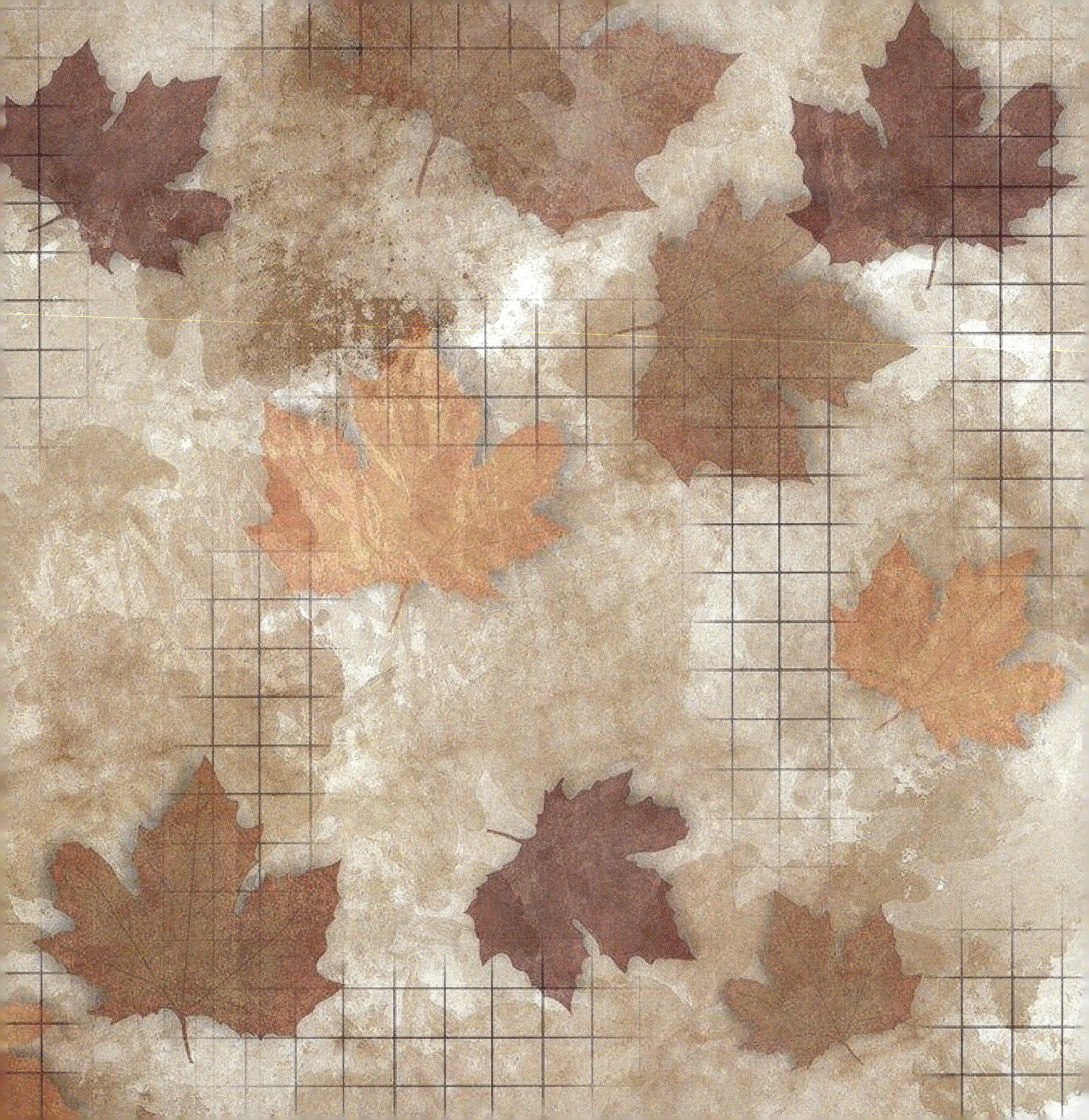

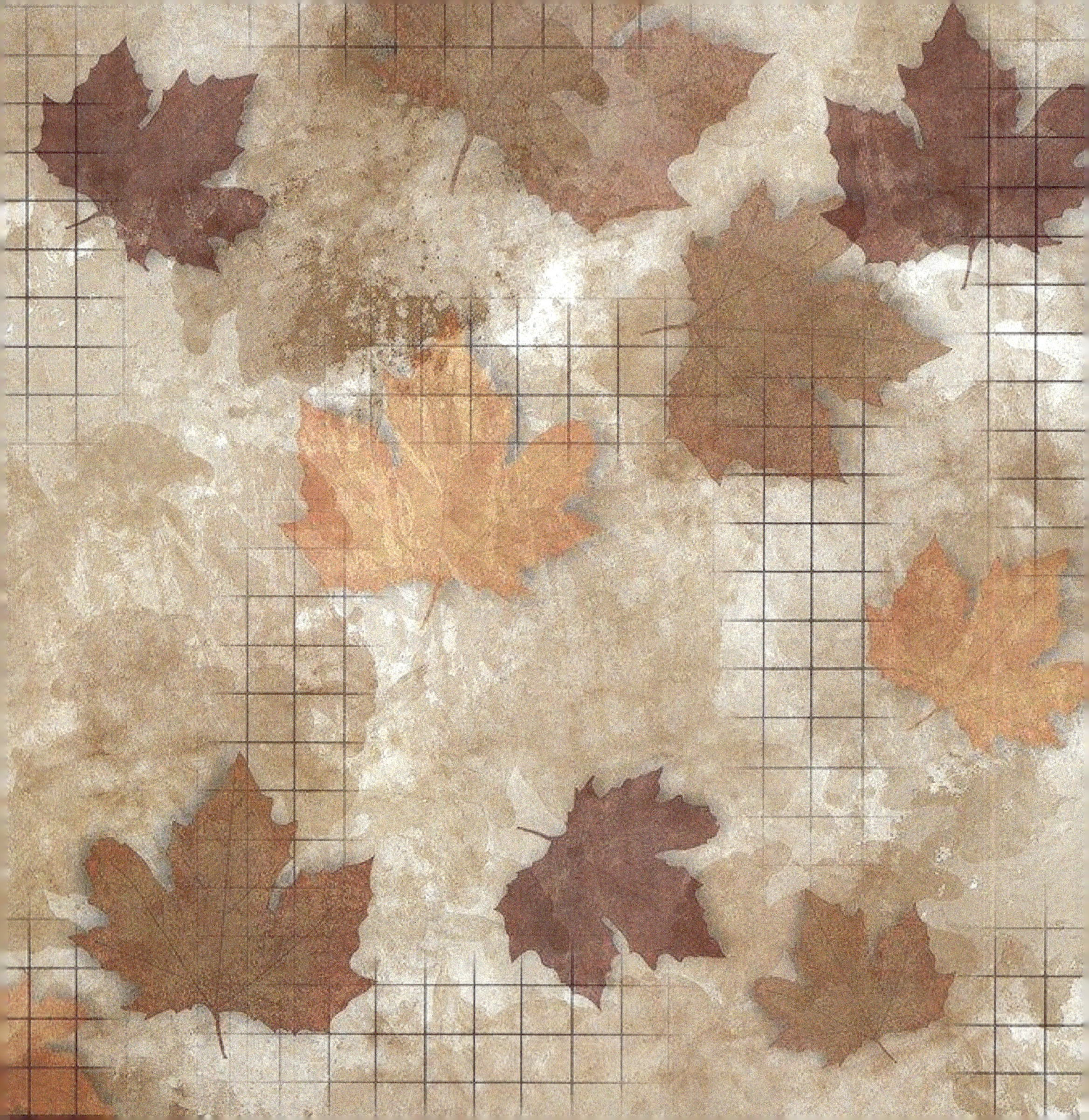

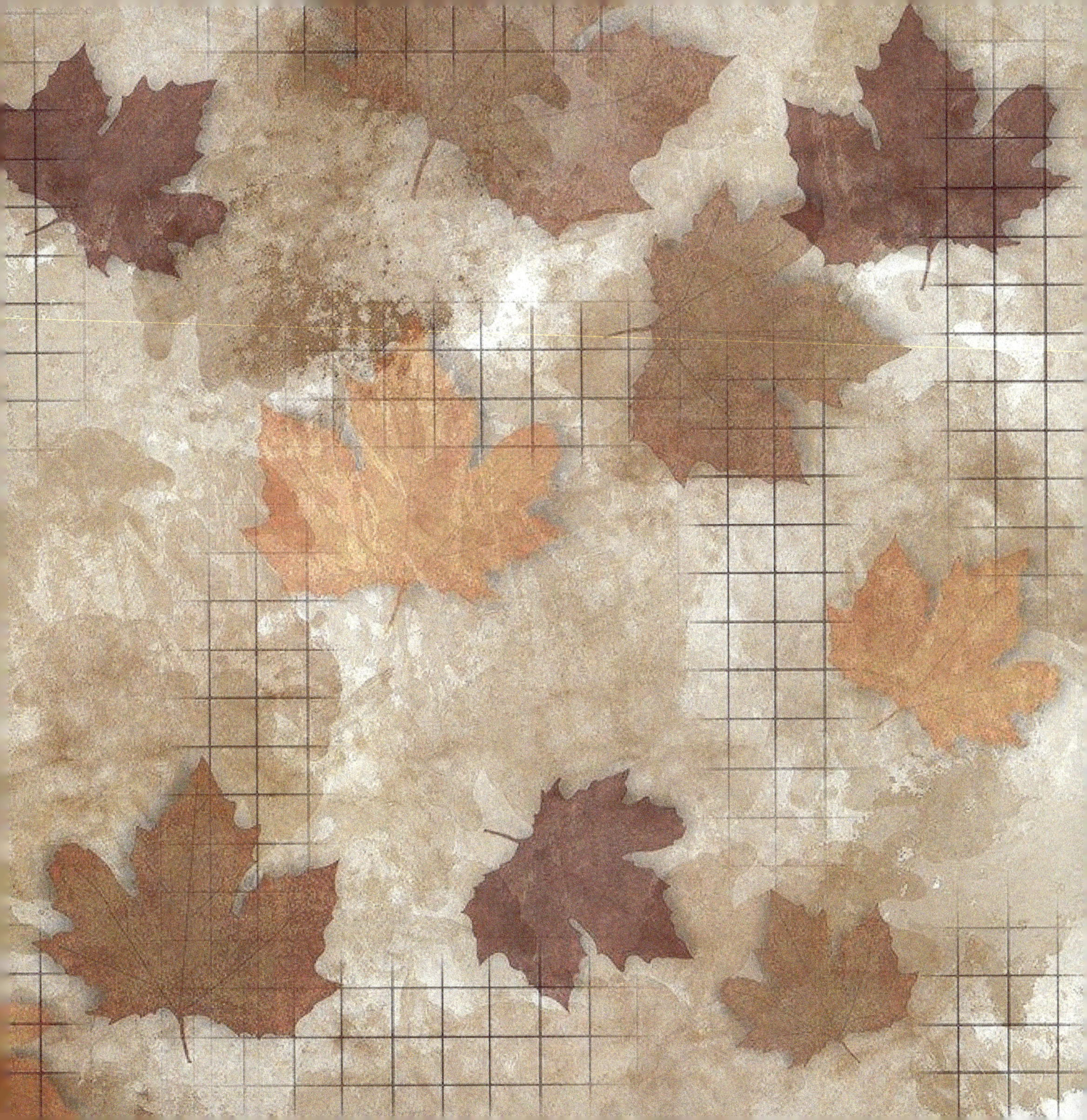

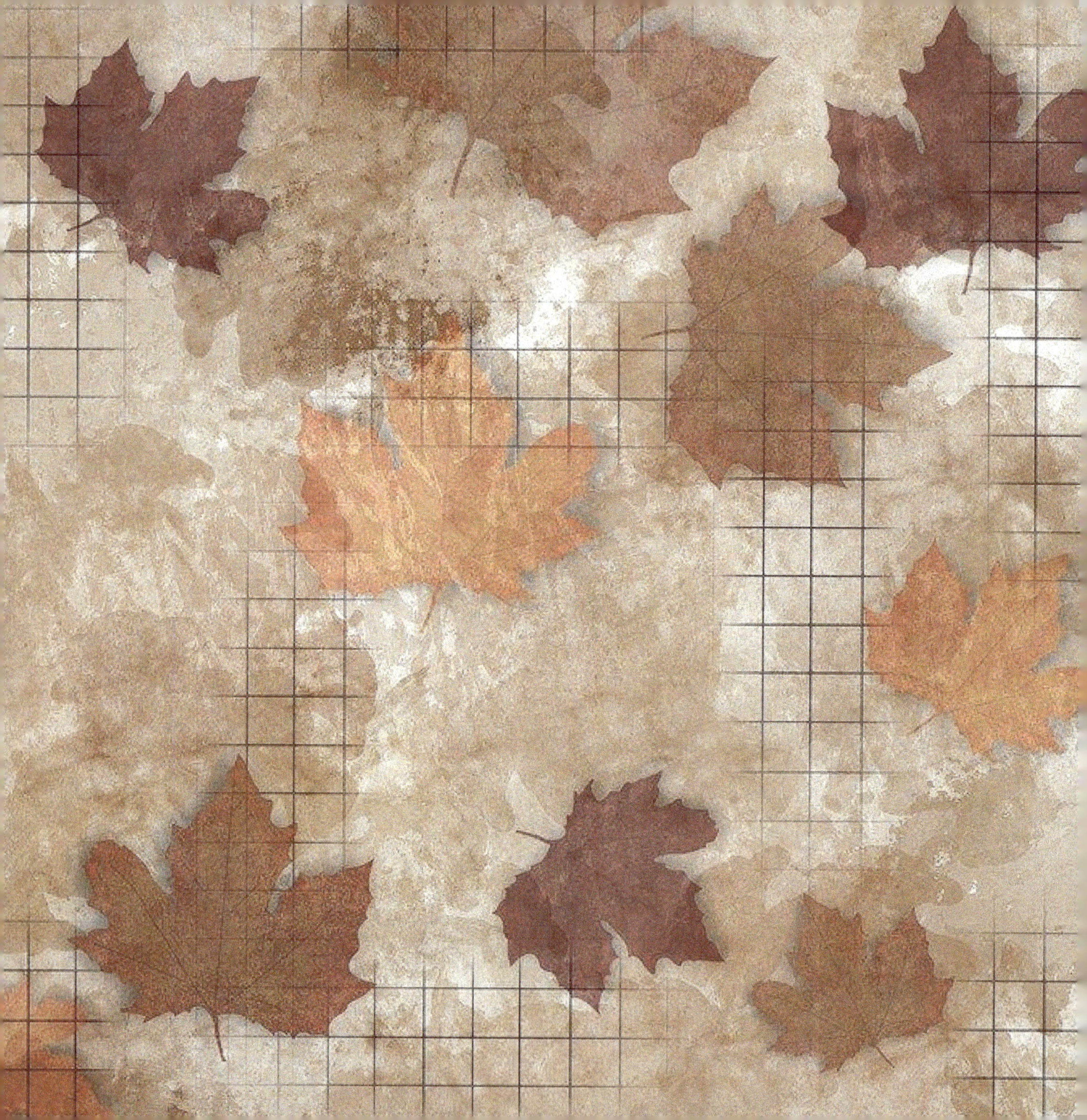